Sueños y susurros

Sueños y Susurros · Marta Soler Fernández

Primera edición © enero 2025 · Marta Soler Fernández

Ilustraciones © Marta Soler Fernández
Edición y maquetación © Edicions FORMENT
www.edicions.forment.net

ISBN 978-84-19953-51-3
Depósito legal B 1512-2025

Este libro se ha hecho con papel de fuentes sostenibles acreditadas

Printed in Catalonia

Sueños
y *susurros*

Marta Soler Fernández

edicions
FORMENT

Sueños del alma,
hilos que surgen del Ser,
susurros que acompañan,
sentimientos que nacen
de mis entrañas.

Mientras la vida se despliega, la esencia, el alma, anhela realizar sus sueños. Sin embargo, el dolor oculto en mi cuerpo me impide llevarlos a cabo hasta que lo escucho y le doy voz.

Solo la mirada lúcida y compasiva me permite ver y acoger esas emociones que surgen de mis entrañas, dejando los sentimientos a flor de piel.

Entonces, el Ser esencial contempla en silencio al tiempo que me acompaña susurrándome palabras de amor, como si esas fueran hilos que tejen y reparan lo que siento en el corazón.

Sueños y susurros

A mi niña

Carita de plata,
cabellos de oro,
frente altiva,
sueño de mi alma,
siempre a mi lado,
siempre grande y feliz.
Una trenza tú llevas
y cuando tu luz se apaga,
vienes corriendo hacia mí.

Luna

¡Oh!, Luna, ven a mí,
ilumina los caminos
que por la tierra ando,
descalza bajo tu luz.

Aunque te escondas,
yo sé que estás,
yo sé que no muy lejos,
detrás de esa montaña,
duermes no más.

Te quiero, Luna, te quiero,
te quiero tal como eres,
a veces tierna, a veces triste,
a veces como una cuna imposible.

Noche fugaz

Esta noche no me amaste,
esta noche yo esperaba tus caricias
que tu dulce aliento fuera para mí.

Noche larga, noche de espera,
cuántas noches del ayer yo tampoco
pude darte el anhelado placer...

Tu llanto me tiene presa,
mi cuerpo me tiene inquieta,
sin tus caricias yo no me siento.

Ansío que tus manos se deslicen,
suavemente, dulcemente,
sintiendo así mi cuerpo estremecerse.

Noche fugaz de amantes perdidos.
Todavía me siento pegada a tu cuerpo.
Y entonces pienso,
cuánto me queda por recorrer.

Amanecer

Manto que cubres mis penas,
noche bordada de oscuros recuerdos,
tú, que tantos hombres trajiste
a mi soledad, a ti hoy te pregunto:

¿Por qué todos me parecen uno?
¿Por qué uno son todos?,
¿acaso el amor, prisma bajo la única luz,
se presenta con distintos colores?

Compañeros y amantes,
sentimientos y recuerdos
que la lluvia ha pegado a mi piel.

Espero bajo la luz
ver vuestros pétalos abandonar el fruto
que un día devorasteis con placer,
y así, poder entregarme a los nuevos colores
que trae el amanecer.

Realidad

Me pareció desaparecer
entre la espuma del mar,
mas solo fue un instante
lo que tardé en reaccionar.

Ya vuelvo a formar parte
de tus sueños y de mi realidad.
El llanto me invade
y me lanzo al vacío sin pensar,
un camino único a seguir.

Tu sonrisa me hace fácil avanzar
hacia un futuro incierto
que en sueños deseé andar.

Tus ojos solo delatan verdad,
tus palabras acompañan mi soledad,
tus abrazos me llevan a una sola realidad,
vivir en cada instante la plena felicidad.

Soledad sagrada

Cuando veo un árbol,
me encantaría que tú también lo vieras.

Cuando huelo una flor,
me gustaría que tú también la pudieras oler.

Cuando salgo a pasear,
me encantaría caminar a tu lado
y juntos recorrer el camino.

Aunque, sé que si tú no estás a mi lado
en esos hermosos momentos,
es porque ahora debo andar mis pasos,
entre la sabiduría de los árboles.

Simplemente, disfrutar en soledad sagrada,
el presente eterno a cada instante.

Amar

Abandonarme al dolor,
entregarme en vez de huir,
confiar en el proceso de la vida
hace que encuentre el mayor gozo
y libertad en mí misma.

Nadie me hace daño, soy yo misma
que al no entregarme me daño.
Somos uno solo cuando nos entregamos
uno al otro y a nosotros mismos a la vez.

Una parte del otro la siento como mía,
¿cómo entonces no puedo querer al otro?

Tampoco puedo dañar al otro, pues el otro soy yo
y me dañaría a mí misma si lo hiciera.

Susurros

Fuego en mi interior,
agua mi querer
y, al amanecer,
aire mi ilusión.

Si pudiera ver
con más claridad
dónde habitas, Ser...
Donde quiera que estés,
te esperaré.

Mientras,
ahogo el llanto
en mi soledad
y recuerdo caricias
en mi despertar.

Ahora, oigo susurros
sobre la espuma del mar;
quiero reconocer
tu presencia al pasar.

La vida

La vida es como el mar,
lo único esencial es respirar,
como el susurro del ir y venir de las olas.

El mar, con sus mareas,
regala conchas y caracolas preciosas,
y al replegarse en sí mismo, a veces,
se lo lleva todo.

La vida te da y te toma,
en un continuo movimiento,
permanente y cíclico.

Miedo

Tengo miedo de que me sorprenda
el oscuro manto bajo las luciérnagas
y olvidar la casa más preciada sin abrir.

Tengo miedo de amanecer en otros sueños
que no son los dibujados
y dejar lo más amado sin nombrar.

La Luna no pretende brillar

Deja que tu alma se inunde de luz,
como la Luna entregada al Sol
deja acariciarse por su esplendor,

y así, sin pretenderlo,
irradiarás esa luz que ilumina
tus noches de Luna oscura.

Sol, ya eres,
ahora deja que la Luna
aquiete tu mente y permite
que florezca tu ser de luz.

Sueños

Respondo a los sueños
en un eterno retorno
al centro de mi voz.

Palabras aparentemente sin sentido
brotan desde lo profundo
y como nubes pasar dejo,
hasta que amanecen en el orden
de los colores del arcoíris.

Entonces, cuando escribo,
me siento llena de gozo.

Presencia

Presencia

Danza que mueves la presencia
en la pisada consciente,
abraza la sensualidad de la Tierra.

Placer que habitas el cuerpo
con belleza y gozo,
siente el amor enraizado
en el corazón de la creación.

Para que pueda vivir en presencia
del Ser en lugar de querer ser.

Esencia

Acaricio mis cabellos con el cepillo del pasado,
mi cabellera luce al viento hilos dorados
entretejidos como telarañas.

Me sumerjo en el cauce del río,
quedo liviana cuando las aguas
ofrecen transparencia al peso del pasado.

Ahí estoy, bella, en la desnudez de la esencia,
la sencillez me acompaña y siento el gozo
del cuido de la vida en mi presencia.

Perfume o esencia

Una flor no se perfuma
con la esencia de otra flor.
Ella se muestra tal como es,
con su fragancia única.

La mayor fragancia está en lo que vibramos
en cada momento de nuestra existencia.
Esa es la auténtica y verdadera esencia.

Belleza

Al verme,
he sentido algo precioso dentro de mí.
Qué rostro tan bello tienes, mujer,
me susurra el Ser.

Aunque yo me sienta desvanecer,
mi alma siempre está presente,
en contacto con el amor cósmico
y despertando al amor terrenal.

Luz

La luz inunda de paz
mi suave piel celestial,
esa que me une a la tierra.

Mi cuerpo,
al temblar como una hoja,
cae de gozo en tu seno,
sin nada que desear.

Centramiento

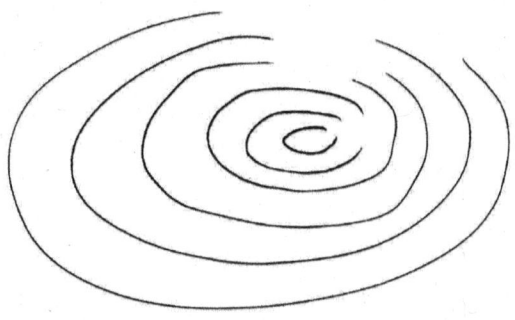

Bailar

Bailar desde mi centro
me enraíza a la vida.

Bailar acuna y mece mi pelvis.

Bailar me abre y me cierra al mundo.

Bailar expande y contrae mi corazón
en el dar y recibir.

Bailar despliega y recoge mis alas al viento.

Bailar es pura transformación.

Bailar es agradecer y gozar la vida.

Si te atreves

Si te atreves rompe la carta,
no hay nada escrito que tú ya no sepas.
Todo está dentro de ti, en tu centro,
busca allí,
está en lo más profundo de ti.

Autoindagación

Autoindago,
me pregunto,
me escucho,
ahondo dentro de mí.
Para comprenderme,
para encontrarme,
para conocerme,
pero, sobre todo,
para sorprenderme.

Mirada

La mirada a lo que hay
en el momento presente
revela muchos misterios.
No hay otra cosa que hacer,
miro lo que siento.

Meditación

Ayer, sobre la roca, en silencio,
observaba con ojo de águila
cómo viajaban los pensamientos.

Hoy siento que soy la roca misma,
la esencia imperturbable
a las inclemencias
y al paso del tiempo.

Mañana, está por ver.

Centro

En mi centro,
en el silencio,
en la presencia,
ya no estoy sobre la roca:
soy la roca misma.

Incienso

El tiempo en el que el incienso
se consume, es el espacio en el que
la esencia se comunica con la Luz del origen.

El fuego y el humo que abraza la estancia,
es como la llama interna que purifica el alma.

El abandono a la Luz primigenia es cuando
te entregas a ella y ella florece en ti.

Entonces, como una espiral, asciendes
hacia el Cielo para volver luego
a descender a la Tierra,
integrando, así, el espíritu en la materia.

Así llegan la paz, el gozo y el amor.

La roca

Sobre la roca me siento
y respiro el viento.

Sobre la roca miro el horizonte
y alzo los brazos al monte.

Sobre la roca entro en silencio
y ya no pienso.

Sobre la roca descanso
y encuentro el remanso.

Sobre la roca sueño
y Soy mi dueño.

Yo Soy el Gran Espíritu
y el Gran Espíritu Soy Yo.

Aquí y ahora

Aquí, donde no hay nada que hacer, Soy;
me dejo mecer por el viento.
Yo Soy el árbol

Aquí, donde no hay nada que hacer, Soy;
libre entre las nubes.
Yo Soy el pájaro

Aquí, donde no hay nada que hacer, Soy;
fluyo río abajo.
Yo Soy el agua

Aquí, donde no hay nada que hacer, Soy;
me dejo llevar por las olas.
Yo Soy el mar

Aquí, donde no hay nada que hacer, Soy;
disfruto y agradezco la existencia.
Yo Soy el Ser

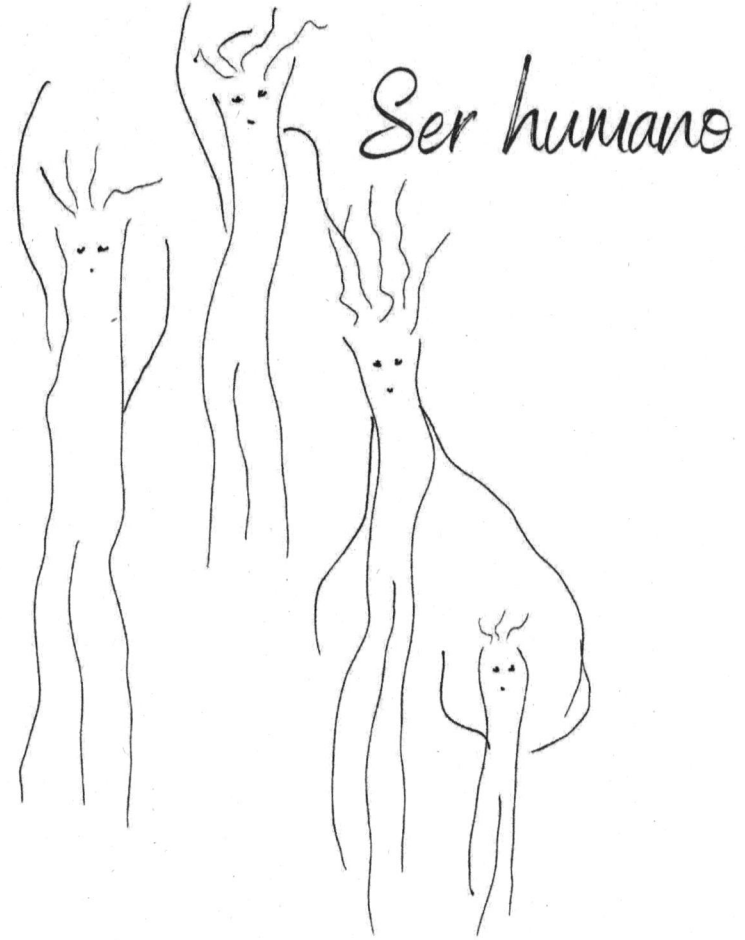

Ser humano

Ser humano

Si alguien abre la boca para
soplar fuego y avivar las ascuas,
ábrela tú para aplacarlo
y reducirlo a cenizas.

Así, con el tiempo, volveréis
a estar en tierra fértil
y podréis volar juntos
con las alas del coraje
hacia la alegría de vivir.

Vivid al ritmo del corazón
de la Tierra, aquel que late
junto con toda la humanidad.

Vivid libres de juicio y de odio,
vivid en la verdad del corazón.

Abrazad la totalidad en
vosotros mismos,
y reconocedla en el otro
y en todas las criaturas.

Reconocer

Cuando me pregunto por las guerras,
por los genocidios, por los exterminios,
de aquí y de allá, de ahora y de antes,
en este hermoso planeta Tierra,
la Voz me dice claramente:

Que nada te quite la alegría de vivir
aunque el odio se refleje
en las aguas del mundo.

Tú sigue el camino de la paz en ti
y aportarás luz y belleza.

El juicio y el rencor solo traen
más sufrimiento a la humanidad.

Abraza a tu infante para que se sienta
amado entre tanta desolación.

Que el horror no te nuble la mente
ni la venganza se apodere de ti.

Mantén el corazón sereno
mientras transitas por esta Tierra
y auxilia al que esté cerca de ti.

Todos los pueblos merecemos
ser reconocidos.

Todas las razas merecemos
entrelazar nuestro amor.

Todas las criaturas merecemos
la alegría de vivir.

Abre el corazón y tenlo disponible
en este planeta hermoso.

Reconócete como ser humano
en lo más profundo de tu corazón.

Reconoce a toda la humanidad
como a una sola familia.

Una semilla a sembrar
y todo un camino por realizar.

Agradecida

Una parada en el camino

Me siento agradecida al Sol,
al viento, al canto del pájaro,
a la abeja, al romero, a la miel
y a la Tierra.

Agradecida a todas las edades
y momentos de mi vida.

Agradecida por todas las personas
que me encontré en el camino.

Agradecida a la Madre Naturaleza
y al Gran Espíritu que todo lo une,
como el sonido del viento,
que susurra entre los árboles
en este mismo momento.

Gracias, vida

Gracias vida por oír el zumbido de la mosca.
Gracias por ver a los chiquillos jugar.

Gracias madre Tierra por sentir
tu lindo calor en mis pies descalzos.

Gracias por acogerme en tus raíces
profundas y hermosas.

Gracias por crecer abierta al cielo
buscando la luz del Sol.

Gracias por vivir entre el Cielo y la Tierra.
Gracias, gran Árbol, por cobijarme.

Gracias por existir.

La vida es jugar a ser

Tu mirada clara es el espejo de mi espíritu
tu sonrisa el juego de la vida
tu danza el centro del amor
tu despertar el mayor gozo
tu sonido la eternidad
tu aliento el instante permanente
tu voz el consuelo
tu resplandor la libertad
tu conciencia el silencio
tu armonía la unidad
tu vuelo el caminar
tu verbo el poder
tu poder el centro
tu centro la atención
tu atención el fluir
tu fluir el amor
amar una flor
la flor el olor
el olor la mar
la mar el ondear
el viento tu mecer
tu mecer el atardecer
crecer, crecer, desaprender
simplemente ser.

Naturaleza

Te veo
Te respeto
Te cuido
Te disfruto
Te agradezco
Te amo
Yo soy tú
Tú eres yo.

Gracias

Gracias padre Cielo por la guía,
Gracias madre Tierra por sostenerme,
Gracias vida por acogerme.
Yo Soy la luz sosteniendo la oscuridad.

Agua

Agua, amada agua

Agua, amada agua.
Sin ti no hay vida en la Tierra.
Te necesito, te valoro, eres fuente de vida.

Te reconozco en mis ancestros
y en el vínculo con mi linaje.
Te reconozco en la semilla de luz de mi padre
al hacerse agua de vida en el vientre de mi madre.

Te reconozco en su útero,
cuando me protegías y acunabas,
cuando a través de la sangre agua, me alimentabas,
cuando eras vehículo de sonido y palabra,
hasta que te vaciaste en el parto.

Sin ti, no hay vida en mí.
Te necesito, te valoro, eres fuente de vida.

Te reconozco en este mi cuerpo,
cuando corres por mis venas,
mis tejidos y mis células.

Te reconozco en la humedad de mis ojos,
de mis labios, de mi garganta y vagina.
Te reconozco en mi sudor, en mis fluidos
y en el orgasmo.

Sin ti, me marchito, me seco, me quemo.
Te necesito, te valoro, eres fuente de vida.

Te reconozco en el llanto del duelo,
cuando me vacías de tristeza y dolor.
Te reconozco cuando derramo lágrimas
de alegría y amor.

Agua, amada agua.
Sin ti, no soy; sin ti, me muero.

Confiar

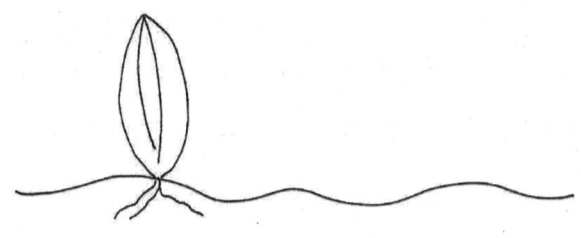

Abro las alas,
me dejo llevar por el viento,
atravieso la niebla y ahora despeja.

Como el ciprés,
echo raíces y ocupo mi lugar,
encuentro el cielo en la tierra.

Ando sin hacer,
sé que son mis pies
los que andan al hacer camino.

Me descubro al amanecer como si
fuera la primera vez y observo
a mi alrededor la belleza del Ser.

La vida es

Diminutas alas rojas
que reposan sobre verde.

Pinceladas de blanco algodón y
azul celeste que se mecen en el viento.

Color naranja con notas oscuras
que andan sobre tonos tierra.

Transparencias que se llevan
lo que sientes
al dejarte mecer por ellas.

La vida es un misterio:
donde al nacer olvido
y al morir recuerdo.

La vida es un camino que ando
del amanecer al atardecer
mientras me descubro amando.

Silencio

Bajo el sol,
una apacible brisa mueve el cañizo.

Aguas turbulentas se serenan
en un suspiro.

Susurros que van y vienen
mecidos por el viento.

El ciprés se balancea
mientras la luna sale.

El ser

No Soy lo que te envuelve.
Soy la joya que siempre deseaste.

No Soy lo que aparentas ser.
Soy como un día sin noche.

No Soy el manto que te cubre.
Soy lo que palpita bajo el terciopelo.

No Soy de cristal.
Soy la roca en la que te apoyas.

Índice

Este libro, volumen ciento noveno de Edicions Forment,
se imprimió el 15 de febrero de 2025
en Barcelona.

Oigo susurros sobre
la espuma del mar;
quiero reconocerte al pasar.